Der kleine Pinguin

Text von A. J. Wood
Illustrationen von Stephanie Boey

lies+spiel

Das etwas andere Kinderbuch

Weit weg, in einem Land, wo es nur Eis und Schnee gab, stand der große Pinguin hungernd und frierend da. Er sah auf seine Füße hinab. Dort, unter seiner wärmenden Bauchfalte, hatte er ein Ei verstaut.

Sein Ei.

Er wartete schon lange darauf, dass das Küken endlich schlüpfen würde.

„Mach schon, kleiner Pinguin“, sagte er.

Der große Pinguin trug den kleinen Pinguin auf seinen Füßen zu einer Stelle, wo viele Pinguine standen.

Da waren Adeliepinguine und Zügelpinguine, Eselspinguine und Felsenpinguine und große Kaiserpinguine wie der Vater des kleinen Pinguins.

Der kleine Pinguin sah zu den großen Pinguinen mit ihren glatten, glänzenden Federn und ihren langen, starken Schnäbeln hoch und wünschte sich nichts mehr, als eines Tages so auszusehen wie sie.

Es gab auch eine Menge kleiner Pinguine – dicht gedrängt standen sie auf dem Eis. „Hier sind wir heute Nacht vor Kälte und Feinden geschützt", sagte der große Pinguin. „Aber morgen müssen wir zum offenen Meer aufbrechen, um deine Mutter zu finden und im Meer zu schwimmen. Du musst in meiner Nähe bleiben, kleiner Pinguin, denn in der großen Eiswüste kannst du dich leicht verirren."

Aber der kleine Pinguin hörte nicht zu. Aufgeregt dachte er an das Meer und an das, was ihn dort erwarten würde.

Am nächsten Tag traten sie den langen Fußmarsch zur Eiskante an. Anfangs blieb der kleine Pinguin noch dicht bei seinem Vater, aber nach einer Weile langweilte ihn das. Da sah er vor sich eine große Schneewehe, auf der ein seltsames Wesen hockte.

„Was das wohl ist?", fragte sich der kleine Pinguin und zog los, um es aus der Nähe anzugucken.

Es war ein riesiger Vogel, größer noch als der große Pinguin. Der Vogel blickte den kleinen Pinguin mit seinen glasigen Augen an.
„Und wer bist du?“, fragte der Vogel.
„Ich bin der kleine Pinguin, und eines Tages werde ich ein Kaiser auf dem Eis sein, wie mein Vater.“

„Recht unwahrscheinlich“, sagte der Vogel.
„Zumal deine Federn ausfallen!“

Erschrocken blickte der kleine Pinguin an sich hinunter. Tatsächlich: Seine flauschigen, grauen Daunenfedern waren an einigen Stellen ausgefallen und lagen im Schnee.

„Oh nein!", piepste der kleine Pinguin und machte kehrt, um zu seinem Vater zu laufen. Aber die große Gruppe von Pinguinen war nirgends zu sehen.

„Wohin sind sie gegangen?", rief der kleine Pinguin. Aber der fremde Vogel schlug nur mit seinen großen Flügeln und flog davon.

Armer kleiner Pinguin. Was sollte er nur tun? Er begann, durch den Schnee zu stapfen, aber mit jedem Schritt fielen ihm noch mehr Federbüschel aus.

„Bald werde ich überhaupt keine Federn mehr haben", weinte der kleine Pinguin.

Tapfer marschierte der kleine Pinguin weiter über die große Eisfläche, bis er in der Ferne einen Fleck erblickte. Als er näher kam, wurde der Fleck größer, und bald sah der kleine Pinguin, dass es ein Robbenbaby war.

„Wer bist du?“, fragte das Robbenbaby.
„Ich bin der kleine Pinguin und will zum offenen Meer, bevor all meine Federn ausgefallen sind.“

„Dann solltest du dich aber beeilen“, sagte das Robbenbaby. „Denn du wirst bestimmt erfrieren, wenn du keine Federn mehr hast.

Dann kam die Nacht. In der Ferne sah der kleine Pinguin das Mondlicht schimmern, wo hinter dem Eis das Meer begann. Er rannte, so schnell er konnte, und verlor beim Laufen noch mehr Federn. Plötzlich kamen zwei Pinguine auf ihn zu geeilt. Es waren seine Mutter und sein Vater.

„**Wo bist du bloß gewesen**, kleiner Pinguin?“, riefen sie. „Wir warten schon auf dich und wollen mit dir im blauen Meer schwimmen. **Komm!**”

Der kleine Pinguin war so aufgeregt, dass er den Verlust seiner Federn vergaß, und sprang mit seinen Eltern in die wunderschöne Unterwasserwelt...

„Werde ich ohne meine Federn erfrieren?“, fragte der kleine Pinguin seine Mutter, als sie wieder auf dem Eis standen. „Aber du hast doch wunderschöne Federn“, rief seine Mutter aus. „**Sieh doch!**“

Und als der kleine Pinguin auf sein Spiegelbild im Meer blickte, sah er, dass es stimmte. Seine weichen, grauen Federn waren verschwunden, aber darunter waren neue nachgewachsen – glänzende Federn, wie die seines Vaters.

„**Nun bist du auch ein Kaiser des Eises**“, sagte der große Pinguin. Und der kleine Pinguin freute sich und war unbändig stolz, denn nun wusste er endlich, dass sein Traum sich erfüllt hatte.

Die Originalausgabe erschien erstmals 2001
unter dem Titel „Little Penguin“ bei Templar Publishing in England

ISBN 3-935429-52-5

Deutsche Übersetzung: Sabine Tessloff

Illustrationen von Stephanie Boey

Hergestellt in Singapur